BIOGRAPHIES ALSACIENNES.

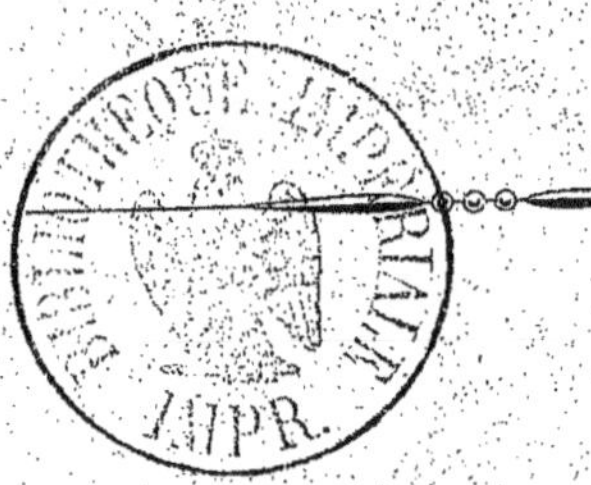

LES BILLING.

Lu à la séance du cercle littéraire de cette ville, le 1 avril 1850.

Par J. B. K.

COLMAR, imprimerie de Mme v^e DECKER.

LES BILLING.

AVANT - PROPOS OU INTRODUCTION

À LA TRADUCTION FAITE DU **PATRIOTE-ALSACIEN** DE SIGISMOND BILLING,
ALORS RECTEUR DU GYMNASE PROTESTANT DE COLMAR.

Lu à la séance du cercle littéraire de cette ville, le 4 avril 1850.

J'ai à vous entretenir, Messieurs, de la vie d'un homme qui, bien que placé dans une position modeste, a laissé pendant de longues années, par l'influence qu'il a exercée sur l'éducation morale et religieuse d'une partie considérable de la population de notre ville, des traces du bien qu'il a fait sur cette terre.

Je veux parler de M. le pasteur Billing, ancien recteur de nos écoles protestantes, que les parents et ayeux de la plupart d'entre vous, vous auront appris à connaître et à vénérer.

Mais auparavant, qu'il me soit permis de dire quelques mots du théâtre modeste, où il a su se rendre si utile et acquérir tant de titres à la reconnaissance de ses concitoyens.

Une des institutions les plus recommandables et les plus fécondes en bons résultats était, dans la ville de Colmar, avant la révolution de 1789, le gymnase qui se trouvait alors placé sous la surveillance du consistoire protestant, et dans lequel la jeunesse professant ce culte, recevait une instruction élémentaire suffisante et parfaitement appropriée à la condition de tout homme qui, sans aspirer aux études supérieures, ne demandait, dans la sphère ordinaire de la vie sociale, qu'à devenir un citoyen laborieux, éclairé, religieux et utile à la société. Grâce à cet établissement, et grâce surtout à l'admirable organisation qui lui a été imprimée par M. Billing, il n'y avait pas à cette époque, à Colmar, un seul garçon protestant qui ne sût lire, écrire et calculer.

L'enseignement au gymnase était confié à six maîtres, dont trois laïques et trois candidats en théologie.

Les maîtres laïques donnaient l'instruction élémentaire dans les classes inférieures, où l'on apprenait la lecture, l'écriture, les éléments du calcul et de la grammaire.

Les candidats en théologie étaient préposés à l'enseignement dans les classes supérieures. Le plus ancien et le plus digne d'entre eux, sous le titre de recteur, dirigeait et gouvernait tout l'établissement.

Dans les classes supérieures, l'étude des langues allemandes et françaises était plus approfondie ; on y apprenait, en même temps, le latin, l'histoire, la géographie ; on s'y perfectionnait dans l'art du calcul ; les enfants s'y exerçaient, soit au moyen de traductions, soit par des compositions libres, à se former un style correct dans les deux langues. Mais on veillait surtout à l'éducation morale et religieuse. Le travail, dans toutes les écoles du gymnase, commençait et était terminé par des prières et des chants en commun de nos saints cantiques.

Le programme des études n'était, du reste, autre que celui qui a été constamment suivi, depuis plus d'un siècle, dans les écoles du pays du nord de l'Allemagne, où il a produit de si admirables résultats : c'était la lecture journalière et habituelle de quelques versets de l'ancien et du nouveau testament, les beaux cantiques religieux, dont la littérature allemande des deux derniers siècles est si riche ; c'étaient des méditations morales tirées de l'histoire biblique, dont chaque court chapitre se terminait par une sentence morale *(Gottselige Gedanken)* : c'étaient des réflexions sur les merveilles de la nature, des histoires véritablement patriotiques, des notions élémentaires des sciences et des arts et le dessin.

Cet enseignement qui prenait l'enfant à l'âge de cinq ans et le conduisait communément jusqu'à l'âge de quinze ans, était le plus convenable à l'éducation des fils d'artisans et d'ouvriers, destinés eux-mêmes aux travaux de la culture de la terre, à un métier, à un art, au commerce. Les enfants appartenant à la partie protestante de la population ne pouvaient guère aspirer alors à ces carrières plus élevées qui excitent aujourd'hui des ambitions dans toutes les classes de la société ; mais alors la *partie protestante partageait par moitié l'administration de la ville et de l'hospice civil, depuis les fonctions de Stättmeister jusqu'à la dernière échelle des employés de ces administrations : ce qui entretenait la justice distributive et la tolérance parfaite entre les deux cultes.*

L'enseignement donné était surtout propre à fortifier les bonnes et honnêtes inclinations et à réprimer les mauvais penchants. Il contribuait efficacement à maintenir les bonnes mœurs, et inspirait l'amour de la famille, de la cité, de la patrie.

Aussi n'y avait-il pas un seul enfant, sortant du gymnase, soit qu'il se livrât ensuite à la culture de la vigne ou des champs, soit qu'il entrât chez un artisan ou en apprentissage dans le commerce, qui n'eût le cœur nourri des doctrines si pures renfermées dans les saintes écritures, qui ne fût familiarisé avec nos beaux cantiques, et qui ne conservât en lui, pendant toute sa vie, l'influence d'une excellente éducation morale.

Aussi, avant la révolution, l'on n'a pas entendu parler d'un seul mendiant protestant de la ville, de délits ou de crimes commis par l'un ou l'autre membre de notre population protestante. Nous avions naturellement parmi nous , comme partout des pauvres , des gens aisés et des riches ; mais tous travaillaient : les pauvres honteux et infirmes étaient admis à l'hospice ou recevaient des secours à domicile de dons divers et de la caisse consistoriale.

Plusieurs des candidats en théologie qui, dans le gymnase, dirigeaient les classes supérieures, étaient originaires de Colmar. La plupart des enfants protestants de cette ville , qui se décidaient à embrasser la carrière du saint ministère, dont l'accès leur était facilité par des stipendes et d'anciennes fondations faites par des personnes pieuses, n'acceptaient des cures d'âmes, qu'après s'être, *pendant plusieurs années*, livrés dans nos écoles du gymnase , à la pratique de l'enseignement. Le consistoire favorisait , en même temps, leur noviciat dans l'art de la prédication , en instituant des services religieux extraordinaires dans notre église , et en mettant à leur disposition la chaire évangélique dans les soirées de dimanche et des jours de fête.

Parmi les candidats appartenant à notre ville qui se sont le plus distingués par leur profond savoir, leur vaste érudition , et l'excellente méthode de leur enseignement , il faut mettre au premier rang , M. *Sigismond Billing,* fils d'un honnête et estimable bourgeois de Colmar (¹) , dont l'intelligence était si précoce qu'à l'âge de dix-neuf ans, il avait achevé ses études et obtint le grade de candidat en théologie : c'était en 1761. Malgré son extrême jeunesse , il fut , dès cette année , appelé à diriger l'enseignement d'une des classes supérieures du gymnase. Dès ce moment aussi il fut admis à fréquenter la société des hommes les plus instruits et les plus honorables , dont le nombre était grand dans notre ville, à cette époque. Il me suffit de citer notre célèbre poëte et philologue Pfeffel , qui , après avoir protégé sa jeunesse , lui conserva jusqu'à la mort sa précieuse amitié.

M. Billing ne tarda pas , par son mérite et son zèle , à s'élever dans les années 1772 et suivantes , aux fonctions et à la dignité de recteur du gymnase. Dans ce poste utile qu'il occupa jusqu'en 1789, où il devint pasteur en cette ville , il augmenta et perfectionna le programme des études ; il donna au gymnase cette excellente direction , dont j'ai déjà parlé. Il étendit les bienfaits de son enseignement à la classe des citoyens adultes ; cherchant à répandre et à populariser parmi nous les notions usuelles de la vie pratique, professionnelle et domestique, et à inspirer par l'enseignement de l'histoire de notre ville , de la province d'Alsace et de nos institutions, l'amour de la patrie et du sol natal, et des sentiments d'ordre, de paix et de liberté. C'était là l'objet de la publication qu'il entreprit , dans les années 1776 et 1777 , d'une feuille hebdomadaire en langue allemande , intitulée le *Patriote-Alsacien* , écrite dans un style simple et mis à la portée de tout le monde.

Par cette publication , dont les exemplaires sont devenus d'une rareté extrême , il a fait connaître à ses concitoyens l'histoire de l'Alsace , celle de nos principales

---

(¹) Cette famille descendait d'un soldat de l'armée de Gustave Adolphe , venu en Alsace avec le Rhingrave Otto , et qui était mort à Colmar , par suite des blessures , qu'il avait reçues. M. Daniel Billing , dont il est ici question , était chef de la corporation *(Gild)* des maîtres-cordonniers.

villes, la constitution de cette province si intéressante, les nombreuses et précieuses ressources de toute nature qu'elle renferme , ses divisions territoriales en seigneuries , baillages et mairies, principalement de la partie supérieure ou du Haut-Rhin ; les guerres et les calamités qu'avaient traversées nos ancêtres , tant par suite d'invasions étrangères que par les excursions et les brigandages des seigneurs féodaux, dont les châteaux ruinés, couronnant la cime de nos Vosges, subsistent encore ; la guerre des paysans, la réunion de Colmar et de l'Alsace à la couronne de France ; la biographie des hommes remarquables qu'avaient produit Colmar et l'Alsace, devait servir d'exemple et d'émulation à leur postérité et contribuer à retremper notre caractère, notre patriotisme et notre courage civique.

M. Billing joignait à ces enseignements historiques et moraux les notions les plus intéressantes et les plus utiles sur les progrès de l'agriculture de nos localités, dont les résultats étaient sanctionnés par l'expérience ; la connaissance des préceptes d'hygiène et d'économie domestique, etc. Il variait ce recueil de plusieurs charmantes productions littéraires , au nombre desquelles on remarque avec plaisir une série de lettres particulières, écrites dans le genre de *Rabner* et de *Rabelais :* ce qu'il y a aussi de remarquable dans ces publications , ce sont des lettres d'un missionnaire alsacien sur le pays Californien, qui fixe , en ce moment, à un haut degré, l'attention de tous les peuples. Chose étrange ! Abstraction faite des richesses minérales que renferment les filons et les sables d'or près de la rivière du *Sacramento*, sur lesquels, le voyageur de cette époque, s'était borné à appeler l'attention de ses lecteurs, les descriptions détaillées contenues dans les lettres de l'abbé Jacques Bægert, qui remontent à la date de 1752, publiées dans le *Patriote-Alsacien*, par M. Sigismond Billing , sont en parfaite concordance avec les renseignements nombreux que nous avons pu acquérir aujourd'hui sur une contrée alors entièrement ignorée.

Notre ancien recteur Sigismond Billing , dont nous venons d'esquisser en peu de mots les principaux travaux , devint, en 1789 , pasteur de l'église protestante de Colmar, et resta dans ces fonctions , où un nouveau champ d'activité s'ouvrit pour lui, jusqu'à sa mort , arrivée en 1796.

C'est dans cette nouvelle position, et pendant les temps si difficiles , que nous eûmes à traverser, qu'il déploya de nouvelles qualités. Il fallait voir l'ardente charité dont il était animé. Après la chute du trône et l'intronisation de la République de 1792, lors du régime de la Terreur, pendant les dix-huit mois que l'exercice public de tous les cultes chrétiens était aboli en France et remplacé par celui *de la Raison*, pendant que le temple protestant de notre ville était fermé et converti par l'administration publique en un *magasin à fourrages*, le pasteur Sigismond Billing et ses collègues réunirent tous les dimanches et tous les jours de fête, les membres de leur troupeau dans un grenier de l'ancien bâtiment communal sur la Place-Neuve, dit à l'*Ancienne-Couronne*, reconstruit aujourd'hui en brasserie, à l'*enseigne du Griffon ;* c'est là que , dans des sermons appropriés aux circonstances graves et critiques, dans lesquelles la patrie se trouvait placée, il ne cessa d'exhorter ses coréligionnaires à la modération , à la résignation , et de leur rappeler les préceptes enseignés par les saintes écritures, par *Jésus-Christ* et par ses apôtres : *la charité*, *la foi*, *l'amour du prochain*, *l'obéissance aux lois et aux autorités constituées*, malgré leur rigueur, leur sévérité dans ces temps d'orages révolutionnaires ; aussi sa charité évangélique, son amour du prochain ont été mis à une rude épreuve ; alors les lois de la Terreur punissaient *de la peine de mort et confiscation de sa fortune*, tout citoyen qui donnait asile aux *prêtres réfractaires* ; le curé *Reech*, *de l'église de Saint-Martin*, était de ce nombre. Quoique homme éclairé et bienfaisant, la partie protestante de la population de Colmar, avaient eu très-longtemps à gémir de l'intolérance de ce curé. Ses parents, ses amis, craignant le tribunal révolutionnaire et sa guillotine permanente, dressée sur la Place-d'Armes, lui refusaient l'asile. Cependant il ne pouvait demeurer dans sa maison, *rue des Blés*, qui était incessamment investie par la police soupçonneuse. Ne sachant plus où reposer sa tête, sans émigrer, l'infortuné curé s'adresse à M. le pasteur Billing. Il lui demanda l'hospitalité, l'oubli du passé ; ce pasteur ne calcule pas le danger, il n'écoute que la voix de la charité chrétienne, l'accueille avec une bienveillance des mieux sentie, lui donne l'hospitalité *pendant neuf mois*, *dans sa demeure, rue des Prêtres*, aujourd'hui maison *Scheerer*. Je me trouve heureux, messieurs, de rappeler au souvenir de mes concitoyens, surtout aux co-réligionnaires de M. le curé *Reech*, ce trait de charité évangélique et de courage civique.

M. Billing, cet homme de bien, cet homme si savant, si digne et si pieux qui, pendant près de *quarante ans*, avait fait l'éducation morale et religieuse, formé l'esprit et le cœur d'une partie considérable des habitants de notre ville, fut enlevé à l'affection et à la vénération de son troupeau, peu de temps après que le régime de la Terreur révolutionnaire avait cessé ; il a transmis, l'héritage des belles qualités de son âme, à ses fils aîné et cadet et à ses petits-fils, que les décrets de la Providence avaient placés, il est vrai, dans des carrières différentes ; mais qui ne sont pas moins restés dignes d'un tel père.

Après vous avoir fait connaître sa vie remplie de tant de bien, il me reste à vous faire connaître quelques particularités sur sa personne.

M. Billing était un de ces êtres exceptionnels, doués par la nature d'une espèce de seconde vue, que nos ancêtres appelaient *Enfants de Noël* ou *des Quatre-temps*, *(Profastenkind)*, un de ces êtres que leur constitution surabondamment nerveuse et impressionable, rend accessible aux influences du magnétisme et de l'électricité.

Je me bornerai à citer, à ce sujet, quelques circonstances curieuses.

J'assistais un soir à une de ces réunions, passées au milieu d'entretiens si agréables et si affectueux qui avaient lieu régulièrement chez notre excellent ami, le médecin *Bartholdi* ; notre célèbre poëte *Pfeffel* y assistait également. Bien des personnes à Colmar peuvent se rappeler avoir vu M. Pfeffel. Tout le monde sait que, privé entièrement de la vue, à la suite d'une opération douloureuse qu'il eût à subir à l'âge de 20 à 22 ans, il avait besoin pour guider ses pas, du secours d'un conducteur : c'était ordinairement son secrétaire ou un ami qui lui donnait le bras.

La conversation roulait ce soir-là sur quelques mystères inexpliqués de la nature, sur les pressentiments, les apparitions, les visions, les secondes vues, etc. Le sujet était vaste, la conversation très-animée, M. Pfeffel, entr'autres racontait ce que lui était arrivé un jour avec M. Billing.

« J'avais l'habitude de conduire, tous les soirs, dit-il, mes élèves après leur tra-
« vail, et pendant la belle saison, dans mon jardin, situé *au Hohweg*, sur la route
« de Bâle ; M. Billing me donnait ce soir le bras. Les élèves se livraient sous la sur-
« veillance de leurs gouverneurs, (c'est ainsi que s'appelaient les professeurs de son
« école militaire) à leurs recréations.

« Pendant que je me promenais avec M. Billing, dans une des allées du jardin,
« mon conducteur s'arrête tout-à-coup. Je lui en demandais la cause et le priais de
« continuer son chemin ; mais il me répondit que cela lui était impossible, qu'une
« force irrésistible l'empêchait d'avancer, et qu'il ne pouvait pas faire un pas de
« plus.... Je le raillais et l'encourageais tour-à-tour. Tout fut inutile, il me fallut
« rébrousser chemin. Nous suivîmes alors une autre allée, et après nous être pro-
« menés pendant quelque temps, nous revînmes par un côté opposé au point où
« M. Billing avait refusé d'avancer.

« Arrivé à ce point, M. Billing s'arrêta encore subitement pour la seconde fois.
« Tous mes efforts pour le prier d'avancer furent vains.... Cela m'est impossible,
« me répondit-il, j'aperçois encore la même vision que tantôt, j'éprouve un serre-
« ment de cœur ; de grâce, n'allons pas plus loin, revenons sur nos pas..... Nous
« réprîmes notre promenade par une autre allée, mais toutes les fois que nous ap-
« prochions de ce fatal endroit, il fallait nous arrêter. Je vois, je vois... c'est impos-
« sible ! Je ne puis plus, je ne peux pas faire un pas de plus, me disait-il, une
« force irrésistible me retient !... Mais alors je commençais à réfléchir : je devins sé-
« rieux, je n'osais plus railler mon conducteur sur sa pusillanimité, et je le priai
« de marquer la place qu'il ne pouvait franchir.

« Après être rentré avec M. Billing et mes élèves, je donnai l'ordre à mon jar-
« dinier de creuser et de faire des fouilles sur le point qui avait si fortement excité
« les répulsions de M. Billing. Mon jardinier découvrit, en effet, sur cet emplace-
« ment beaucoup d'ossements humains et quelques débris de planches. Je lui ordon-
« nai de les déterrer et de les enfouir très-profondément sur un autre point et dans
« un carreau de mon jardin. Il obéit, et fut discret.

« Quelques jours après, je retournai au jardin avec M. Billing, et bien souvent
« encore ; nous parcourûmes les allées du jardin dans tous les sens, et jamais M.
« Billing n'éprouva plus les mêmes émotions et les mêmes terreurs que j'avais re-
« marquées un jour en lui près de l'emplacement, où il avait été précédemment
« arrêté.»

Ce phénomène, raconté par M. Pfeffel est d'autant plus étrange que M. Billing allait souvent au cimetière, et qu'il traversait souvent la Place-d'Armes, sur l'emplacement de laquelle se trouvait autrefois un cimetière, et qui renfermait alors sous ses voûtes et dans ses caveaux l'ossuaire de plusieurs siècles, sans qu'on ait appris qu'il eut éprouvé jamais des sensations, des émotions, et des répulsions semblables.

Cependant voici une autre circonstance que je tiens également d'une personne digne de foi.

Il y avait, dans la petite cour du gymnase, à gauche en entrant, un petit terrain en nature de parterre, au fond duquel était adossé contre le mur une petite gloriette. M. Billing, en sa qualité de recteur, en avait la jouissance avec le pavillon du bâtiment adjacent. M. Billing aimait beaucoup ce petit jardinet; il y cultivait quelques fleurs, et avait même pris l'habitude d'y lire et de s'y préparer par l'étude à ses prédications. Cependant pendant certaines soirées de l'année il lui était impossible d'y tenir. A peine y était-il entré, qu'il croyait y apercevoir des fantômes, des apparitions; il y éprouvait des frayeurs et des terreurs insurmontables, et on le voyait rentrer chez lui, la figure toute soucieuse et bouleversée.

Qu'il y eût dans la constitution physique de M. le pasteur Billing quelque chose d'extraordinaire, cela semble se confirmer par la conviction que paraissait avoir madame Billing, lors de son décès, que M. Billing n'était pas mort, et qu'il ne se trouvait plongé que dans une léthargie profonde, provenant de son système nerveux. Aussi conserva-t-elle à la maison ses restes mortels, pendant plusieurs jours, et bien au-delà du temps ordinaire; en effet, son cadavre resta intact pendant cinq jours, sans qu'on aperçût sur lui aucune trace de décomposition.

A côté de cette esquisse biographique, on me pardonnera si je consacre quelques lignes au fils et à un de ses petits-fils, qui portent le prénom de l'ancien recteur et pasteur, et que notre ville peut aussi, à juste titre, s'enorgueillir d'avoir vu naître, quoique ce ne soit pas au milieu de nous qu'ils aient parcouru leur carrière.

M. Sigismond Billing, fils aîné de notre ancien recteur, après avoir terminé d'une manière brillante son éducation dans l'école militaire, fondée et dirigée par notre célèbre poëte Pfeffel, qui était, comme vous savez, messieurs, un ami intime de son père, à défaut d'avoir pu faire des études classiques au collége de Colmar, qui, avant la Révolution, était encore fermé à la jeunesse protestante, entra très-jeune dans une maison de banque, fondée à Paris, par un grand-oncle maternel, M. Dœrner, de Colmar.

Mais il n'y demeura pas longtemps. A l'aurore de la Révolution, à l'aspect des dangers que courait la patrie, le goût des armes, qu'il avait contracté par son éducation dans l'institut Pfeffel, se réveilla en lui, après avoir été un des premiers inscrits de la garde nationale parisienne, organisée par le général Lafayette [1]; et on

---

[1] Le 10 avril 1791, M. le pasteur Jean-Fréderic Lucé, de Munster, alors recteur du gymnase protestant de Colmar, en tenant un discours remarquable, dans la société patriotique dit des *amis de la Constitution*, en commémoration de la mort de Mirabeau, décédé à Paris, le 4 de ce même mois, a terminé son discours par la citation suivante, sur le jeune Sigismond Billing :

« Permettez-moi encore, mes chers amis, au moment de terminer cette oraison funèbre, de
« vous donner lecture de quelques extraits d'une lettre, datée de Paris, et arrivée hier à Colmar,
« qu'un de nos compatriotes, M. Sigismond Billing, jeune homme plein d'espérance, a adressée
« à son père, et dont ce dernier a bien voulu m'autoriser a faire usage.

La lettre est écrite en allemand, son auteur fait partie de la garde nationale de Paris et appartient au bataillon dont *Mirabeau* était le commandant. Voici textuellement ce que le jeune
« Billing écrit à son père :

le vit., à peine âgé de dix-huit ans, quitter aussitôt la plume et le comptoir, et courir se joindre à ces braves volontaires qui volaient à nos frontières pour assurer l'indépendance nationale, et défendre la liberté menacée. Il servit alors sous les ordres des généraux Beurnonville et Dampierre, et combattit à l'avant-garde à la bataille de Jemmapes, qui sauva la France de l'invasion étrangère.

Peu de temps après, Sigismond Billing qui, à cause de son extrême jeunesse, avait refusé le grade d'adjudant-général, que lui avait offert le général Rémond, fut nommé, à raison de la précocité de ses connaissances financières, commissaire des guerres aux armées du Nord, de la Moselle et du Rhin, et de la Champagne, en 1792; il n'était alors âgé que de dix-neuf ans.

On le vit plus tard remplir les mêmes fonctions à Metz, en 1794 et 1795; ensuite en Allemagne, lors de la brillante retraite de Moscou.

Le jeune Billing prit part successivement à la bataille de Néerwinde, et aux sièges de Dünckerque, de Maubeuge et de Landau.

Il déploya constamment dans l'exercice de ces diverses fonctions un zèle patriotique et désintéressé qui lui fit mériter l'estime de tous les chefs militaires sous le commandement desquels il était placé, et un rapide avancement serait sans doute venu récompenser ses talents, si la tournure que prirent les événements politiques

---

« Lundi dernier ont eu lieu les funérailles de *Mirabeau*. Je n'entreprendrai pas la tâche de vous
« raconter exactement la cérémonie du convoi funèbre de ce grand homme; car, il me serait im-
« possible d'en donner une description détaillée.

« Plus de *douze mille* gardes nationaux formaient la haie le long des rues, par lesquelles le cor-
« tège devait passer. Le cercueil de plomb renfermant la dépouille mortelle était recouvert d'un
« drap de velours noir, brodé en argent, et était porté par *douze sous-officiers* de notre bataillon.
« Il était surmonté d'un coussin bleu, brodé en argent, sur lequel reposait l'épée de Mirabeau,
« envelopée d'un crêpe noir.

« A environ *trente pas* en avant, marchaient *six soldats* rangés autour du drapeau du bataillon,
« couvert d'un crêpe.

« Derrière le cercueil venaient ses parents et les gens de sa maison, paraissant tous profondé-
« ment affligés; son valet de chambre portait devant lui un coussin noir, richement décoré, sur
« lequel était déposé un vase de plomb, renfermant le cœur du défunt et surmonté d'une couronne
« civique faite avec goût.

« Les grenadiers de notre bataillon marchaient sur deux rangs, à côté du cercueil, ayant comme
« tous les hommes en armes, des crêpes au bras, et portant tous leurs fusils inclinés à terre.

« Le défilé du cortège dura une heure.

« L'Assemblée nationale, les ministres du roi, les présidents des six tribunaux, les administra-
« teurs du département, le corps municipal, les juges de paix, les commissaires et présidents des
« 48 sections de la ville et une foule immense de citoyens suivaient à une certaine distance du
« cercueil.

« Quatre représentants de la ci-devant Provence, dont il avait été député, tenaient les coins du
« poële. Les commandants des *soixante bataillons*, les commandants des *soixante divisions*, tous
« les majors et officiers d'état-major de la garde nationale, des députations des régiments suisses
« et des autres gardes royales, des invalides, etc., etc., s'y trouvaient également; puis toutes les
« musiques de la garde nationale, jouant alternativement des airs funèbres d'une tristesse à arra-
« cher des larmes à tous les assistants.

et les changements survenus dans la forme de notre gouvernement, blessant au plus vif les sentiments patriotiques et républicains de notre jeune compatriote, ne l'eussent déterminé à rentrer dans la vie privée.

Nous le retrouverons bientôt, à l'âge de 29 à 30 ans, se dévouant, avec une activité et un zèle des plus louables, à l'établissement et à l'organisation du culte public de la première église protestante qui fut fondée à Paris, après la promulgation de la loi du concordat. Jusques-là nos co-réligionnaires de Paris, n'avaient pu se livrer à l'exercice de leur culte que dans la chapelle privée des ambassadeurs des rois de Suède et de Danemarck.

Nommé dès l'origine, membre et secrétaire du consistoire de cette église, il contribua puissamment à son heureuse et bienfaisante influence, ainsi qu'à l'établissement de la première école gratuite pour les enfants protestants, d'après la méthode de Pestalozzi ou lancastérienne, qui est devenue aujourd'hui une des plus belles et des plus utiles institutions de la capitale.

En 1813, l'empereur Napoléon avait résolu, en vue de l'invasion probable du territoire, de réorganiser la garde nationale de Paris, il venait d'en nommer les officiers, choisis parmi les notabilités de la capitale, *M. Sigismond Billing* fut nommé capitaine d'une compagnie des grenadiers de la 3e légion.

Selon l'usage il fut aussitôt question de voter une adresse à l'empereur. Les offi-

---

« Un instrument de cuivre, servant de cymbale, rendait des sons tellement plaintifs, qu'il por-
« tait la terreur dans l'âme des assistants : on eût dit la trompette funèbre de l'ange de la mort.

« La cérémonie qui avait commencé à *cinq heures* du soir, n'a cessé qu'à *une heure* du matin.

« La dépouille de *Mirabeau* repose provisoirement à côté de la tombe de *Descartes*, dans le ca-
« veau de la vieille église de Ste-Geneviève, en attendant que le temple du *Panthéon*, un des plus
« beaux monuments de l'Europe, soit achevé. Cet édifice ne sera consacré qu'aux grands hommes,
« auxquels l'Assemblée nationale aura conféré expressément ces honneurs.

« L'Assemblée législative a rendu hier un décret dans ce sens en faveur de Mirabeau.

« Le portail portera l'inscription suivante : *Aux grands hommes la patrie reconnaissante.*

« On ne manquera pas de répandre dans les départements le bruit, que le poison a hâté la fin
« de cet ardent défenseur de la liberté, de ce fondateur de la garde nationale, de cet ami du peu-
« ple et de l'humanité. Rien n'est plus faux. On a fait dimanche soir l'autopsie de son corps publi-
« quement. On a reconnu qu'il est décédé de mort naturelle.

« Ce deuil est universel. Samedi et avant-hier tous les théâtres étaient fermés. Plus de *trois*
« *cent mille personnes* se pressaient dans les rues, aux fenêtres, sur les toits, sur les arbres des
« boulevards, partout enfin où l'on pouvait apercevoir le cercueil.

« Pendant la marche du cortège, une députation de la section de la halle-aux-blés, vint pré-
« senter une couronne civique, que l'orateur à genoux mit sur le cercueil.

« Enfin, le corps fut déposé dans l'église St-Eustache, sous un dais magnifique, et sur une
« estrade qui avait été élevée de cinq marches dans le chœur. Les membres de l'Assemblée na-
« tionale et les principaux fonctionnaires avaient des sièges réservés. Nous étions debout, rangés
« autour du catafalque, ayant l'arme à terre. L'abbé *Cerrutti* tint une courte oraison funèbre,
« dans laquelle chacun put remarquer ces paroles :

« *On disait autrefois de Brutus et de Cassius qu'ils étaient les derniers Romains ; désormais*
« *Mirabeau sera le premier des Français.* »

ciers furent officiellement convoqués et réunis à l'Hôtel-de-Ville. La séance ayant été ouverte, à la stupéfaction générale, ce *capitaine des grenadiers* prit la parole pour s'opposer à l'adresse de l'empereur ! Après un tableau peu flatteur de la situation de la France, à la suite de nos grands désastres, il dit : *que les officiers choisis par le gouvernement n'avaient ni droit, ni mission de parler au nom de la garde nationale de Paris, qui n'existait pas encore.* Enfin, il termina sa harangue en s'écriant : *On connait depuis trop longtemps l'abus des adresses ! !*

L'adresse n'en fut pas moins votée à la presque unanimité. Eh bien ! il n'en fut pas un seul d'entre ces flatteurs qui, n'accueillit, moins d'un an au plus tard, la chûte de l'empereur avec joie ! !

Il est vrai de dire, qu'après la séance, où il avait été presque le seul de son avis, des hommes honorables l'abordait furtivement sur le grand escalier de l'Hôtel-de-Ville, en lui serrant la main et lui disant dans l'oreille : *Vous êtes un brave homme, vous avez parlé comme un bon citoyen.*

Le duc de Rovigo l'envoya aussitôt chercher. C'était heureusement un de ses camarades à l'armée du Rhin et Moselle : *Tu veux donc que l'empereur t'envoie à Vincennes ?* lui dit-il, en lui reprochant son imprudence. Il n'en a pas moins traité dans ses mémoires M. Billing, de bon et d'honnête citoyen.

En 1815, on le retrouva à la tête de la 3ᵉ légion de la garde nationale de Paris, qu'il commandait après la démission du colonel Ternaux, jouant un rôle important au milieu des circonstances critiques, où, la perte de la bataille de Waterloo et le retour de Napoléon à Paris, plaçaient tout-à-coup la capitale et la France entière. Ce fut alors, comme M. *Comte* le rapporte dans son histoire de la garde nationale, et comme M. le duc de Rovigo l'atteste lui-même dans ses mémoires, que M. Sigismond Billing, en marchant avec sa légion, pour *entourer* et *défendre* la chambre des représentants, au moment où elle allait prononcer la déchéance de Napoléon, contribua puissamment à l'abdication de l'empereur en faveur de son fils.

M. le général Dessolles ayant présenté, en 1815, M. Billing à *Monsieur* (comte d'Artois), comme un homme qui avait beaucoup contribué à la chûte de *Bonaparte*, ce prince le félicita avec sa grâce accoutumée de la fidélité au Roi.......... *Moi ?* dit ce paysan du Danube, *je n'ai vu que mon pays ; en agissant ainsi, je n'ai servi que lui ! !*

Tous ses amis lui reprochèrent amèrement d'avoir manqué cette belle occasion d'acquérir la faveur et de faire son chemin à la cour.

Au retour de Louis XVIII, M. Billing eut encore une part non-moins honorable que zélée dans la démarche que firent alors les chefs des légions de la garde nationale, pour déterminer le Roi, à conserver la cocarde tricolore ; actif instigateur de cette démarche, il fit partie de la députation qui porta, à St-Denis, la pétition adressée à ce souverain, *qui était une déclaration de principes !* (¹).

(¹) Ses camarades de la garde nationale, qui l'ont vu agir depuis 1813, lui ont décerné une épée d'honneur, pour sa belle conduite au milieu d'eux, dans les plus périlleuses et les plus critiques époques que nous avons passées.

Aussi, lors de la résurrection de la garde nationale de Paris, aussitôt après la révolution de Juillet, l'un des premiers soins du général *Lafayette* fut de réclamer la coopération d'un citoyen aussi dévoué aux intérêts de cette noble institution, à laquelle ce citoyen illustre avait consacré sa vie. Ce fut à M. Billing qu'il confia le commandement de l'état-major général. L'histoire dira la part qu'il a prise, dans cette nuit critique du procès des ministres de Charles X, où M. de Lafayette joua un rôle si honorable pour son caractère, et où la révolution de Juillet 1830, sortit pure et magnanime d'une si périlleuse épreuve, M. Billing voyait, dans l'établissement d'un gouvernement qui promettait d'assurer à la France la possession définitive des résultats légitimes de la grande Révolution de 1789, la réalisation des espérances et des efforts de toute sa vie.

En conséquence, lorsque le général Lafayette, par des motifs qu'il serait déplacé d'examiner ici, crut de son devoir de se démettre de son commandement, M. Billing, que les dispositions de son esprit éloignaient alors des divisions, auxquelles le parti national était en proie; mais qui était profondément convaincu de la nécessité de sauver la liberté de ses propres écarts, acceptait sur les conseils de son illustre ami, le poste de secrétaire général de la garde nationale. Mais les atteintes de la maladie, qui devait bientôt le conduire au tombeau, le mirent dans l'impossibilité d'en remplir les fonctions.

A la mort de M. Billing, au mois de septembre 1831, les sociétés bibliques dont il avait été, pendant de longues années, l'un de ses plus sincères soutiens, et les communions protestantes auxquelles, dans leurs mauvais jours, il avait prodigué ses efforts et ses services, furent profondément affectées, et s'honorèrent elles-mêmes en honorant la mémoire d'un homme animé du zèle le plus pur pour leur cause et de tout le dévouement à leurs intérêts; on peut dire que, depuis la mort prématurée de M. Auguste Stæl, le protestantisme n'avait pas reçu, en France, un coup aussi cruel. (1).

Les habitants de Colmar qui ont peu connu ce compatriote, qui s'est tant distingué dans sa vie civile, politique et privée et dont la carrière n'a pas été sans quelque influence dans les événements historiques, peuvent, à juste titre, s'enorgueillir de cet enfant de la même ville, et il doit occuper une place honorable, à côté de son père, dans la mémoire de ses concitoyens.

Je ne puis me refuser le plaisir de citer l'attestation suivante, que l'illustre vétéran de la liberté des deux mondes, *le général Lafayette*, porte de lui au mois de Juin 1819:

« En joignant, au bout de trente ans, un nouveau témoignage à ceux que reçut
« en 1790, un des premiers et des plus zélés gardes nationaux de 1789, j'aime à
« remplir, envers le major Billing, le devoir du commandant général à cette épo-
« que; mais c'est aussi comme Vice-Président de la chambre de 1815, que j'ai re-
« trouvé en lui le patriotisme pur, éclairé, inébranlable, qu'il a constamment ma-

---

(1) M. J. G. Billing, fils cadet du recteur Billing, rend aussi, depuis 40 ans, à la cause du protestanisme des services moins brillants, peut-être, mais non-moins réels.

« nifesté et pratiqué dans les vicissitudes de la Révolution ; j'ai donc, à double
« titre, le droit de parler de ceux qu'il s'est acquis à la confiance de sa patrie et à
« l'amitié de tous les bons citoyens.»

Un célèbre écrivain anglais, qui l'avait connu très-particulièrement, le dépeint
ainsi en tête d'une notice biographique qu'il avait publiée en Angleterre, et à laquelle nous avons emprunté quelques uns des détails qui précèdent :

« Dans la vie politique comme dans la vie privée, nous devons dire que nous l'a-
« vons connu personnellement, et qu'il était, à nos yeux, l'adorateur de la liberté,
« le plus conséquent que nous ayons jamais rencontré. Aucune crainte du pouvoir,
« aucune admiration des talents de l'ordre le plus élevé, ne l'ont jamais fait sourcil-
« ler vis-à-vis de la tyrannie et ne l'ont rendu son complice.

« Il fut toujours le même serviteur dévoué et ostensible de la liberté constitution-
« nelle, sous Robespierre, Napoléon et les Bourbons. »

L'héritage des nobles et belles qualité du père et du fils Billing, un patriotisme
pur et éclairé, un grand dévouement au bien de la chose publique, des études ex-
cellentes et de vastes connaissances, s'est transmis également sur le petit-fils aîné
de cette famille Colmarienne, *Sigismond*, troisième du nom.

Celui-ci dans une sphère plus élevée encore aux yeux du monde, a parcouru sa
carrière avec la plus grande distinction. Admis très-jeune, sans autre récommanda-
tion que sa qualité de lauréat aux concours généraux des principaux colléges de
Paris, dans la carrière diplomatique, employé d'abord comme secrétaire d'embas-
sade dans différentes cours de l'Europe, et notamment à Londres, à Vienne, à Madrid
et à Naples, il fut appelé plus tard, successivement aux fonctions éminentes d'a-
gent politique et de consul général de France en Egypte, d'ambassadeur du roi à
Copenhague, et enfin d'envoyé à la diète germanique à Francfort.

Dans ces diverses positions il a eu l'occasion de servir dignement notre patrie, et
de porter haut et ferme le drapeau de la France. A la suite des événements de
Février, il a été mis, à l'instar de la plupart des fonctionnaires diplomatiques du
gouvernement de Juillet, momentanément en disponibilité. Mais, espérons que ses
talents, ses connaissances, son expérience et ses services antérieurs à la chose publique, seront également appréciés par le gouvernement de la République, et que
notre concitoyen ne tardera pas à être appelé à un poste digne de son haut mérite.

En vous parlant, Messieurs, dans le temps des premières instructions reçues par
notre illustre compatriote Rapp, je vous ai dit qu'il les devait à notre gymnase protestant, dont M. le pasteur Billing était alors le recteur ; qu'il me soit permis de
vous citer, en cette occasion, un trait de reconnaissance qui honore à la fois l'élève
et le maître.

Ce guerrier remit en 1820, au jeune Billing, à son entrée dans la diplomatie, une
épée avec ces mots gravés sur la lame :

« Le général comte Rapp, à *Sigismond-Adolphe Billing*, petit-fils du vénérable
« recteur du gymnase de Colmar.»

Je tiens de notre diplomate, qu'il n'a cessé de porter cette noble épée, depuis
son entrée dans la carrière diplomatique, et qu'elle l'aurait inspiré s'il eut eu besoin

des sentiments de fierté et de patriotisme , avec lesquels il a éprouvé la satisfaction de l'avoir portée dans les diverses cours de l'Europe.

Vous me pardonnerez , Messieurs , d'avoir eu la prétention de remettre sous vos yeux ces détails biographiques , et de vouloir perpétuer parmi nous le souvenir de trois de nos concitoyens , tous membres de la même famille , dont la cité qui les a vus naître , peut être justement fière.

N'oublions pas que son chef a eu le rare mérite de rendre à la cause de *l'émancipation intellectuelle et morale* d'une partie *considérable de notre population des services solides et durables* , dont l'action , après plus d'un demi-siècle n'est pas encore entièrement effacée. Rappelons-nous, enfin, que son fils et son petit-fils se sont montré les dignes enfants de notre Alsace et ont contribué efficacement par les services qu'ils ont rendus au pays à reserrer ce lien moral qui nous attache aujourd'hui si intimement à notre mère-patrie.

Mais , Messieurs , si les trois Sigismond Billing ont si dignement relevé le pays qui leur a donné le jour, devait-il m'être permis de passer sous silence celui des frères cadets de notre diplomate qui , sur un autre théâtre , se montrait aussi le digne petit-fils de notre recteur, je veux parler de M. le baron Gustave de Billing, conseiller privé actuel *(wirklicher geheimer Rath)* de S. A. S. le prince de Hohenzollern-Hechingen , dont la vie peu connue de nos concitoyens mérite cependant de l'être , parce qu'elle se rattache à des souvenirs qui nous resteront toujours chers : ceux du fils de notre impératrice *Josephine*, la *bien-aimée ;* de ce fils adoptif de *Napoléon*, de ce vice-roi d'Italie ; d'*Eugène Beauharnais*, prince de Leuchtenberg , qui se fit tant chérir, aimer, honorer partout, par les Français et les Italiens, même par les ennemis de la France.

Gustave Billing, fit de brillantes études à Paris, sous la direction de M. Gonteaux, de l'*Ecole polymathique* , et digne successeur du fondateur de cette école, de M. Balot , (de la Sarthe).

Destiné à la carrière théologique , il fut envoyé à Strasbourg pour y étudier les écritures qui se rattachent au saint ministère, quoique sa vive imagination l'inclinait plus vers la culture des lettres qu'aux austérités de l'apostolat.

Ses succès dans la chaire chrétienne , eussent été sans doute, remarqués, si un incident ne fût venu donner un autre cours à sa destinée.

M. le chevalier Hennin , ancien trésorier de la couronne d'Italie , sous le vice-roi Eugène Beauharnais , ami intime de M. Billing et parrain de son Gustave , eut la pensée de rapprocher son filleul de la famille Beauharnais , dont il était resté l'un des plus fidèles et des plus dévoués serviteurs. Il le plaça auprès du prince *Auguste de Leuchtenberg* , en qualité de secrétaire particulier.

Le jeune Billing sut bientôt gagner les bonnes grâces et la confiance de ce prince, aussi distingué par ses qualités de cœur que par celles de l'esprit.

Lorsqu'une fortune trompeuse l'eut appelé à partager avec *Donna-Maria*, le trône de Portugal , son premier soin fut de s'attacher davantage le jeune Gustave Billing, dont le concours dévoué était pour lui très - précieux dans la haute sphère où il venait d'être placé.

Il avait déjà pu apprécier combien les lumières de M. de Billing lui avaient été utiles ; c'est à lui qu'il dût l'honneur et la popularité qui lui revenaient de la mesure, par laquelle il a accompli l'abolition des droits féodaux dans toute l'étendue de sa seigneurie d'Eichstätt, en Bavière : c'est ainsi que par une sage prévision, ce prince devança le mouvement politique qui s'est manifesté depuis dans toute l'Allemagne.

Malgré l'animadversion que devait causer à la cour du roi *Louis*, cette infiltration des principes de la Révolution française, le prince Auguste obtint de son oncle, le roi de Bavière, l'ennoblissement héréditaire et le titre de Baron, au jeune homme distingué dont il appréciait si bien les services éclairés.

Gustave Billing suivit le prince Auguste de Leuchtenberg à Lisbonne, où sa carrière eut été aussi rapide que brillante, si une mort prématurée ne fut venue trancher les jours de ce prince, si digne d'un long avenir.

Nommé exécuteur-testamentaire de celui qu'il chérissait comme un frère bien-aimé, le baron Gustave de Billing, s'acquitta de cette tâche, le cœur brisé, au milieu des larmes que le désespoir lui arrachait.

A son retour en Allemagne, il entra au service du prince Constance de Hohenzollern-Hechingen, beau-frère du prince Auguste de Leuchtenberg. Par sa bienveillance affectueuse, ce prince excellent cherchait à le consoler de la perte irréparable qu'il avait faite, en lui accordant toute sa confiance. Il le chargea récemment de la négociation avec le roi de Prusse, de la cession du duché de Sagarn et de la principauté de Hechingen.

M. de Billing ne cessa de déployer auprès de lui, tant dans les fonctions ordinaires que dans les diverses négociations, cette habileté et cette entente des affaires qui l'ont toujours distingué.

Le prince de Hohenzollern-Hechingen, vient de récompenser ses services par la plus haute dignité dont les princes puissent disposer : par celle de *conseiller privé actuel*. D'autres distinctions le recherchèrent : le Portugal honora ce jeune Gustave de Billing de commandeur de l'ordre du *Christ*, la *Bavière* et la *Prusse*, de leurs ordres.

Un élève du recteur.